L'INDISCRET.

(15 JANVIER 1849.)

CARRÈRE ÉDITEUR.

L'INDISCRET

OU

BIOGRAPHIE-HISTORIQUE

DE

LOUIS-PHILIPPE

PAR UNE SOCIÉTÉ DE GENS DE LETTRES.

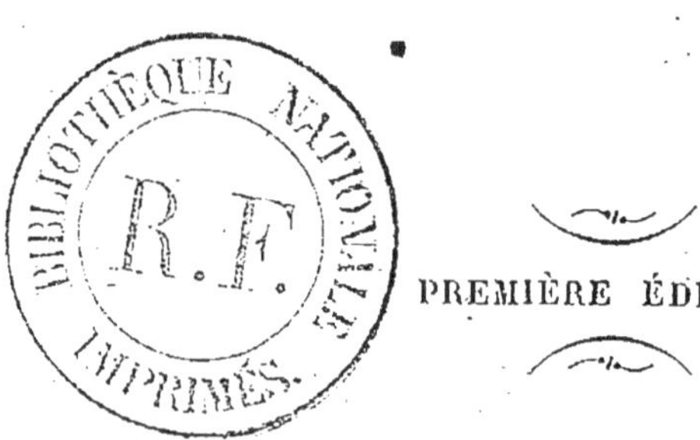

PREMIÈRE ÉDITION.

AGEN,

IMPRIMERIE DE J.-A. QUILLOT,

PLACE PAULIN, N° 1.

1849.

Louis-Philippe naquit le 6 octobre 1773. Il était l'aîné de trois enfants. Son père, d'infâme mémoire, avait d'abord présenté à la France l'odieux spectacle des passions les plus abjectes, les plus viles, les plus dégoûtantes. Aussi lâche qu'ignoble, il se blottit au fond de la cale de son vaisseau pendant le combat d'Ouessant contre les Anglais (27 juillet 1778). La révolution survint, et on le vit s'associer, non pas aux idées progressives dont les événements de cette époque venaient doter le monde, mais aux intrigues sanglantes qui pouvaient lui faire un parti et le porter au trône. C'est ainsi qu'il abdiqua son nom pour prendre celui d'Egalité. C'est ainsi, encore, qu'il vota la mort de son cousin Louis XVI, avec un horrible acharnement. Mais le peuple n'est pas longtemps dupe des faux amis qui le trompent, et il y avait trop de crimes dans la poitrine du monstre, pour qu'il pût échapper au glaive qui avait tranché la tête de son royal parent. Il fut exécuté, à Paris, le 6 novembre 1793.

L'histoire impartiale et terrible a sanctionné cette épitaphe :

Ci gît Egalité.
Ah ! que ce monstre est mal nommé !
Car jamais en bassesse,
En noirceur, en scélératesse,
On ne vit son égal.
Même aujourd'hui qu'au manoir infernal
On croirait qu'il est à sa place,
On tremble qu'il n'efface
Des démons le plus déloyal.
Déjà, dit-on, jaloux d'un tel rival,
Tous lui font la grimace.
Priez, passants, que jamais Bélial
De son empire ne le chasse.

C'est en parlant de ce monstre, que celui dont nous allons décrire la vie, disait à Godefroi Cavaignac, en 1830 : « Je n'ai ja-» mais connu d'homme plus respectable. »

Et il ne faut pas s'étonner de cette apologie qui soulève le cœur : Louis-Philippe avait puisé, à l'école et sous la direction de son père, tous les enseignements et tous les exemples qui assouplissent l'âme à l'ambition cruelle, à l'avarice sordide, aux débauches et aux vices les plus dégradants. Tout jeune encore, il eut pour gouvernante et pour insti-

tutrice madame de Genlis, qui reçut l'ordre
de donner une bonne éducation à son élève.
Il n'y a pas bien longtemps que l'on pouvait lire encore, dans toute leur hideuse nu-
dité, les détails intimes de cette bonne éducation. Les mémoires manuscrits de madame
de Genlis existent à la bibliothèque Mazarine.
C'est là que cette femme corrompue rendait
compte à Egalité des progrès moraux de l'enfant confié à ses soins, et de ceux de la petite
Adélaïde, sa sœur. Elle lui disait avec orgueil
que, dociles à sa voix, à ses sollicitations
pressantes, elle était parvenue à leur faire
contracter des relations maritales, etc., etc.;
et, le père, joyeux, se félicitait vivement de
cette éducation, qui, disait-il, promettait
beaucoup!!! Les pages où se trouvaient con-
signés ces détails affreux ont été arrachées
du manuscrit par la main complaisante d'un
bibliothécaire, et vendues pour une pendule
de salon au roi parjure que nous venons de
détrôner. Louis-Philippe avait soin, comme
on sait, d'acheter au poids de l'or tout ce
qui pouvait mettre en relief les turpitudes
secrètes de sa vie ou de sa famille; mais, en
cette circonstance, il fut servi à merveille par
l'imbécilité timidement cupide d'un courtisan.
Toutefois, Dieu n'a point permis à l'histoire
d'enfouir, sous le sillon de l'oubli, l'origine
et peut-être la continuation de cette amitié

qui existait entre Louis-Philippe et celle qu'il appela constamment sa bonne étoile. Quand le ciel fait justice, il la fait grande, complète, impitoyable. La prétendue pureté morale du roi déchu est donc là aussi, dans la boue, avec son trône brisé.

Mais, continuons.

Né duc de Valois, Louis-Philippe devint à douze ans duc de Chartres par la mort de son grand-père, et fit sa première campagne sous le maréchal de Biron. Il reçut, le 7 mai 1792, le grade de maréchal-de-camp. C'est à cette époque qu'il faut placer les faits d'armes de Valmy et de Jemmapes. Le duc de Chartres se trouvait alors dans l'armée du nord, commandée par Dumouriez. Il fallait combattre les Prussiens, arrêter leur marche, décider leur retraite. Les troupes françaises se couvrirent, en cette circonstance, d'une gloire qui rejaillit sur Louis-Philippe, mêlé dans nos rangs. Quelques mois plus tard, Dumouriez battait les Autrichiens à Jemmapes. Le duc de Chartres s'y trouvait encore, et s'y conduisit mieux que son père à Ouessant. Mais, après la déroute de Nerwinde, le commandant de l'armée du nord rompit avec la Convention et alla se réfugier aux avant-postes autrichiens; Louis-Philippe suivit le général infidèle dans sa fuite et dans sa trahison.

Mal accueilli du gouvernement impérial

d'Autriche, le duc de Chartres vint à Bâle sous un nom supposé; puis, mettant à profit des ressources qu'il eût pu employer d'une manière plus glorieuse et plus utile pour ses compatriotes; il se fit professeur de mathématiques dans la petite ville de Reichenau.

A dater de ce moment, Louis-Philippe montra une étonnante aptitude au calcul financier; sur le trône et dans l'abondance de sa fabuleuse fortune particulière, il calcula toujours ses dépenses avec la parcimonie d'un avare ou d'un pauvre; le plus petit acte de bienfaisance et de générosité sortit de son cœur comme la solution d'un problème difficile sort de la tête d'un mathématicien.

Après avoir visité le nord de l'Europe et les Etats-Unis d'Amérique, il vint en Angleterre en 1799. Louis-Philippe était alors duc d'Orléans. L'un de ses premiers soins fut de solliciter sa grâce auprès du comte de Provence, frère de Louis XVI, qui régna plus tard sous le nom de Louis XVIII. Celui-ci connaissait trop bien le caractère ambitieux et fourbe du fils d'Egalité pour accueillir facilement une démarche qui n'avait pour mobile que l'intérêt personnel. Aussi fallut-il de hautes et puissantes médiations pour faire fléchir la répulsion que lui inspirait Louis-Philippe.

Lorsqu'en 1808 la guerre éclata entre la

France et l'Espagne, le duc d'Orléans, fatigué
de la vie oisive et errante que les évènements
lui avaient faite, écrivit à la junte Espagnole
provisoire pour être employé comme auxiliaire
dans l'armée Anglaise; mais le prince régent
d'Angleterre, pressé, dit-on, par les représen-
tations de Louis XVIII, à qui ces velléités de
gloire causaient ombrage, n'accueillit point la
demande du duc. A son arrivée à Gibraltar, où
l'accompagnait le prince Léopold de Salerne,
Louis-Philippe reçut du gouverneur de la for-
teresse la défense de mettre le pied sur le sol
de l'Espagne. Contraint de repartir, il se rendit en Sicile où il épousa, le 25 novembre 1809,
Marie-Amélie, deuxième fille du roi Ferdinand
et de Marie-Charlotte-Louise, archiduchesse
d'Autriche.

Cependant le prince ne se tint point pour
battu, et mille instances nouvelles triomphè-
rent enfin de l'opposition politique du gouvernement Anglais. Le duc d'Orléans était alors à
Palerme. Il partit de cette ville pour Tarragone
au mois de mai 1810, sur une frégate Espagnole, avec le titre si ardemment désiré de gouverneur général de la Catalogne.

Son succès, toutefois, n'eut pas de consis-
tance. A cette nouvelle, en effet, Louis XVIII
réitéra ses notifications à l'Angleterre, et le cabinet de Londres fit mander aux Cortès qu'il

retirerait ses troupes, si Louis-Philippe n'était pas immédiatement renvoyé. Il le fut.

La restauration ramena le duc d'Orléans sur la terre de France. Louis XVIII lui rendit, par deux ordonnances en date du 18 et du 20 mai 1814, l'immense apanage qui avait été constitué à Monsieur, frère de Louis XIV, chef de sa maison, mais que celle-ci avait perdu par des lois récentes. Les princes de la famille royale, et notamment le comte d'Artois, renouèrent avec lui des rapports affectueux. La fille de Louis XIV parut même faire violence aux douloureux souvenirs que la seule présence du fils d'Égalité devait réveiller dans son cœur.

Dès cette époque, et grâce aux sourdes intrigues de Louis-Philippe, un parti commençait à s'agiter en sa faveur sous la direction de Fouché. Il fallut l'évènement des cent-jours pour donner, un instant, une autre direction aux esprits. Retiré à Twickenham, petite ville aux portes de Londres, le prince ambitieux voulut utiliser sa retraite au profit de ses désirs. C'est de là qu'il adressa deux mémoires au congrès de Vienne sur les causes de la chute des Bourbons. Bien qu'elles fussent écrites avec une finesse toute machiavélique, il était cependant impossible de n'y point voir cette conclusion égoïste et personnelle : Donnez-moi le trône, vous pourrez en disposer.

Ainsi, c'était le trône de France que désirait son cœur avide. Pour y arriver, il était disposé à passer sous les fourches Caudines de toutes les bassesses, de toutes les turpitudes, de toutes les comédies, même les plus avilissantes.

Caractère oblique et tortueux, il avait cependant la prétention de sauver les apparences d'une âme noble et grande, d'une âme capable de l'héroïsme du dévouement. Il avait, en un mot, l'aristocratie du vice.

C'est sous le manteau de cette aristocratie qu'il disait au général Mortier : « Je ne ferai pas tomber la couronne de la tête qui la porte ; mais si elle tombe, je la ramasserai. » Et pendant les cent-jours, il avait déclaré à lord Wellington que « si on l'obligeait à prendre la couronne, il ne l'accepterait que pour la rendre à la branche aînée. »

Odieux mensonges ! dans l'avide ambition mal déguisée du duc d'Orléans, ce n'était ni la branche ainée qui était en jeu ; ce n'était pas non plus l'intérêt de la chose publique, le bonheur de la France ; ce n'était pas davantage le triomphe des idées sociales de la révolution, le triomphe de la constitution démocratique de 1791 : c'était la soif du pouvoir et de l'or, et pour étancher cette soif dévorante, il trompait tous les partis populaires, les caraissait de sa main perfide, armait le poignard de Louvel et faisait fermenter toutes les têtes. On croyait entrevoir en lui un roi vraiment constitutionnel, et la France trop noble pour être défiante, se préparait un despote et un oppresseur ! elle faisait les affaires de l'homme le plus cupide du monde.

Et ici, nous ne saurions nous empêcher de révéler quelques détails sur l'assassinat du duc de Berry.

Louvel croyait servir le peuple ; il ne servait que Louis-Philippe. A l'instigation de celui-ci, son bras s'était armé pour déblayer les marches qui mènent au trône. On lui avait dit : frappez et le peuple sera libre ; et vous-même serez puissant. Louvel frappa. On lui avait dit soyez ferme jusqu'au dernier moment, de cacher le nom de ses complices sous le voile du plus impénétrable silence. Le peuple devait se lever en masse, et l'arracher de l'échafaud. Louvel le crut, et le glaive fit rouler sa tête au milieu d'une multitude immobile et consternée.

Cependant le duc d'Orléans était rassuré par cette exécution sanglante : il ne redoutait plus la voix accusatrice de son chevalier de meurtre. Insensé ! on a beau jeter dans l'Océan le fer homicide, Dieu le ramène toujours au rivage, après avoir gravé le nom du coupable sur la lame du poignard ! . . . .

D'Orléans avait encore une crainte, toutefois. Le duc de Berry était-il bien mort ? Son corps, exposé dans une des salles du Louvre, était-il bien recouvert du linceuil funèbre? plein de cette pensée, il entre dans la salle, découvre violemment le linceul, s'assure qu'il ne touche qu'un cadavre, et dit à un personnage qui l'accompagnait : « il est bien mort, notre coup est parfait; en voilà un qui ne nous gênera plus. » Il s'éloigna, la joie dans le cœur, sans avoir entendu les sanglots d'un brave général à genoux derrière le lit de son prince assassiné.

La naissance du Duc de Bordeaux vint à quelque temps de là effrayer l'ambition du cruel Louis-Philippe. Cette naissance mettait un obstacle imprévu entre lui et le trône. Sans se déconcerter, il fit paraître aussitôt dans le *Morning Cronicle* une protestation contre la légitimité de l'enfant. Nous insistons sur ce point, autant pour protester contre cette odieuse calomnie que pour montrer les voies tortueuses que Louis-Philippe prenait pour arriver le plus vîte possible.

A vrai dire, ce ne fut pas sans peine. La monarchie des Bourbons avait été renversée en trois jours; mais qu'allait-on faire? Lafayette désirait la République; quelques-uns le duc de Reichstadt; Lafitte, le duc d'Orléans; le peuple, en général, désirait la charte, rien que la charte, parce qu'elle était la sauvegarde de ses libertés. La cause de l'Orléanisme l'emporta, grâce à la pusillanimité de La-

fayette et aux intrigues de quelques journalistes, grâce aussi à l'avantage d'un gouvernement tout prêt et aux craintes d'une guerre
avec les nations voisines.

Il est inutile d'insister ici sur des événements que ceux de 1848 ont ravivé profondément dans la mémoire du peuple; il est inutile de rappeler les feintes résistances de
Louis-Philippe à se rendre aux vœux de la
nation, et les bassesses qu'il fit au Palais-
Royal pour se créer d'abord une popularité
factice. « A mesure qu'on s'éloignait de la
» révolution, dit Louis Blanc, Paris deve
» nait un immense foyer d'intrigues. Les
» places étaient courues avec une ardeur dont
» rien n'arrêtait le cynisme. Les voitures pu
» bliques versaient à Paris, chaque jour et à
» chaque heure du jour, une foule de solli
» citeurs venus du fond des provinces pour
» se partager les premières faveurs. C'était
» partout une cohue hideuse. »

Louis-Philippe se fit une arme de cette
tendance à la corruption, de cet amour des
places, de cette soif des honneurs et des richesses. Pendant son règne, trop court pour
lui, mais trop long pour la France, il fit
descendre d'en haut la corruption pour énerver les forces nationales. Il pensait qu'en
créant une société à son image, cette société
amollie ploierait docilement la tête sous le

joug de son despotisme et de son bon plaisir;
mais, ici, Louis-Philippe établissait une politique qui devait lui être fatale. Tout en pres-
surant le peuple d'impôts, il ne lui était pas
possible de jeter de l'or dans toutes les mains;
il ne put donc corrompre que les sommités
de son parti. La Représentation nationale fut
dénaturée complétement. Avec de l'or, avec
des places, les Chambres avaient une majorité
à son service; quant au pays, à son bien-
être, à son honneur, c'était trop peu de chose
dans l'esprit du monarque pour mériter un
seul instant son attention..... Si l'on donnait
quelque ouvrage au peuple, c'était pour l'en-
chaîner. M. Guizot disait, avec une concision
cruelle : « le travail est un frein. » Ainsi,
vaste corruption à l'intérieur, corruption dont
le procès Teste n'a été qu'un des mille épi-
sodes. L'avenir, il faut l'espérer, nous les
dévoilera tous, pour l'édification morale du
monde.

A l'extérieur, toute la politique de Louis-
Philippe ne fut que le corollaire perpétuel de
la lettre qu'il écrivit à l'Empereur de Russie
pour lui notifier son avénement au trône. Dans
ce document significatif, le prince s'efforçait
de rassurer l'Europe sur les suites de la catas-
trophe de juillet : elle n'avait été qu'une ré-
sistance malheureuse, mais inévitable, à d'im-
prudentes agressions. Tout en protestant de

son respect pour Charles X, il se donnait pour le protecteur naturel des vaincus et le modérateur des victorieux. La charte, c'était un fruit de l'invasion et un bienfait d'Alexandre. Enfin, il faisait adroitement dépendre de l'appui que la Sainte-Alliance lui prêterait, la conservation de la paix en Europe.

Les dix-sept années que nous venons de parcourir se trouvent logiquement expliquées par les principes de cette fameuse lettre. Il en résulte que, pour conserver la paix de l'Europe (lisez : pour conserver le trône qu'il avait couvé si longtemps), il était disposé à ne reculer devant aucun sacrifice vis-à-vis les puissances étrangères.

Ainsi, tandis que Louis-Philippe disait aux Chambres : « la nationalité polonaise ne périra jamais », il mentait à sa conscience, à la France, à la Pologne, à l'Europe; car il avait confidentiellement écrit : « La Pologne » n'est plus, et c'est nous, bien plutôt que » le vainqueur de Varsovie, que le cabinet de » Saint-Pétersbourg doit remercier d'avoir » écrasé ce foyer d'insultante rébellion.(Lettre » de la Contemporaine) ».

Ainsi, lorsque Louis-Philippe dépensait notre fortune et notre sang pour conserver glorieuse et intacte la conquête de l'Algérie, ce n'était point pour l'honneur du nom français. Tout ce sang, tout cet or, toute cette

***

gloire devaient en temps opportun, retourner
à l'Angleterre : « Quant à ce qui concerne
» l'occupation d'Alger, écrivait encore Louis-
» Philippe, j'ai des motifs particuliers et
» puissants pour remplir fidèlement les enga-
» gements que ma famille a pris envers la
» Grande-Bretagne. Il faut donc que, rassurée
» sur nos intentions, Sa Majesté Britannique
» nous laisse le choix du temps ou des
» moyens. (Lettre de la Contemporaine.) »

Pour ce qui concerne les fortifications de
Paris, elles n'étaient point destinées à protéger la France contre une invasion; loin de
là : leur existence avait pour but unique d'assurer la couronne dans la famille de Louis-
Philippe. Voici ce que celui-ci écrivait à ce
sujet : « Il y a d'épouvantables conséquences
» à redouter dans les crises politiques, lors-
» qu'une volonté sage et prévoyante se trouve
» en inévitable contact avec l'obstination d'un
» zèle qui peut, dans ce cas, se réputer mau-
» vais vouloir. Si au lieu d'en finir brutale-
» ment avec les artilleurs civiques, l'on eut
» suivi mon seul avis, qu'on eût flatté, cajo-
» lé ces hommes, qu'on leur eût fait entre-
» voir que, si l'on pensait à construire des
» forts, c'était pour lui en confier la garde;
» si on leur eut persuadé qu'en cas d'une
» invasion, Paris ne pourra devoir son salut
» qu'à de pareils défenseurs; si enfin, au lieu

» d'une destitution brusque, on eut pris les
» citoyens par la vanité, Arago et les siens
» n'eussent pas été admis à prouver que les
» forts, bien loin d'être destinés à repousser
» une invasion étrangère, deviendraient, le
» cas échéant, une ressource victorieuse pour
» maintenir dans le devoir et la soumission
» la *très-turbulente ville de Paris et ses aimables*
» *faubourgs.* C'était du temps qu'il fallait
» gagner, et, au lieu d'irriter les esprits, il
» fallait endormir le civisme en émoi pour
» le préparer au salutaire moment où une
» ordonnance nous eût fait justice de tout
» récalcitrant. Du reste, rien ne me fera re-
» noncer à un projet si sagement conçu, et
» à l'exécution duquel, dans l'état de choses
» où se trouve la France, j'attache en quel-
» que sorte, non certes, la durée de la mo-
» narchie constitutionnelle, mais la perpé-
» tuité de ma dynastie. Qu'on se persuade
» bien que moi seul je pouvais affronter,
» diriger, et vaincre l'hydre révolutionnaire.
» (Lettre de la Contemporaine.) »

Jamais Machiavel n'écrivit rien de plus sa-
tanique!!! Mais achevons de jeter un coup
d'œil rapide sur les principales turpitudes
de la politique extérieure du gouvernement
déchu. Montrons la persévérance de Louis-
Philippe à dégrader la France pour conserver
les bonnes grâces de l'étranger, et se maintenir
ainsi sur le trône.

C'est dans ce but qu'il écrivait : « En thèse
» générale, ma résolution la plus sincère est de
» maintenir inviolables tous les traités qui ont
» été conclus depuis quinze ans entre les puis-
» sances de l'Europe et de la France. (Idem.) »

C'est dans de but qu'il fit évacuer Ancône.

C'est dans ce but qu'il se conduisit lâche-
ment dans la question d'Orient. Méhémet-Ali
était cependant un homme nouveau, le fils de
nos œuvres, un élu des révolutions modernes !

C'est dans ce but qu'il consentit à être le
ridicule et humiliant \jouet de la diplomatie
britannique dans la question des forteresses
Belges.

C'est dans ce but qu'il s'humilia encore dans
la question du droit de visite.

C'est dans ce but qu'il s'humilia, de toute
la bassesse d'un lâche, dans l'affaire Pritchard.

C'est dans ce but enfin qu'il suivit une conduite pusillanime et craintive dans sa politique
avec l'Espagne.

Faut-il citer encore? mais à quoi bon? n'est-
ce pas assez de honte imposée à la France?

Louis-Philippe ne s'écarta qu'une seule fois
de cette route politique. Une seule fois pendant
son règne, il parut braver l'Angleterre; c'est
qu'il s'agissait d'une question d'intérêt de famille, et non de l'honneur, de la dignité du
pays: il voulait donner à l'un de ses fils la dot
et les espérances d'une princesse d'Espagne,

et il y parvint en dépit de l'Angleterre.

Il y avait une indicible énergie dans la volonté de ce vieillard, toutes les fois qu'il était question d'arrondir sa colossale fortune : alors, se faisant pauvre, il tendait humblement la main aux chambres législatives pour en obtenir des dots en faveur de ses nombreux enfants. Bélisaire d'une nouvelle espèce, il n'avait point, à l'en croire, le moyen d'assurer à sa famille un honnête aisance, des ressources d'existence pour l'avenir : la France haussait les épaules de pitié; mais Louis-Philippe revenait à la charge, et on lui donnait l'aumône pour se débarrasser de ses importunités accablantes. D'ailleurs ne vendait-il pas les légumes de ses jardins royaux afin de pourvoir à ses besoins? N'est-il pas vrai que la misère le forçait à faire vendre pour son compte, aux portes de l'exposition du Louvre, les livrets descriptifs des œuvres exposées aux yeux de la foule? S'il gardait les millions destinés au pavage de la place du Louvre, c'est qu'il était dans une royale indigence. Et, dans les calamités publiques, sa main laissait à peine échapper quelques pièces d'or, preuve évidente de sa détresse.... Le dire riche, c'était donc le calomnier d'une manière insigne. Ne nous étonnons donc pas, après cela, si Louis-Philippe, pressé par la misère, s'est fait homicide à la manière des brigands qui infestent les routes publiques.

Ceci nous amène naturellement à parler du célèbre assassinat du prince de Condé.

Par des sollicitations combinées et audacieusement conçues, ce prince avait consenti à donner son vaste héritage au petit duc d'Aumale, l'un des fils de Louis-Philippe. Un testament fut signé par le malheureux vieillard, et, quelques jours après, on le trouva suspendu à l'espagnolette d'une fenêtre de sa chambre à coucher. On crut d'abord à un suicide, mais tout démontra que le suicide, en cette circonstance, était chose physiquement impossible. Alors un affreux soupçon plana sur Louis-Philippe. Les tribunaux s'en mêlèrent. « La famille de Rohan, dit Louis-Blanc, avait attaqué la validité du testament qui nommait le duc D'Aumale légataire universel du dernier des Condé, et tous les esprits étaient attentifs au dénouement de cette lutte judiciaire. Jamais procès n'excita une curiosité plus inquiète, ne souleva plus les passions, n'introduisit plus avant dans les mystères et les souillures de la vie de certains princes, la foule, toujours avide de scandale. Alors fut à demi-tiré le voile qui couvrait des détails hideux. Dans une plaidoirie remplie de faits accusateurs, Me Hennequin déroula le tableau des violences et des artifices qui avaient empoisonné les derniers jours du duc de Bourbon et vaincu sa faiblesse. Il trouva dans les sentiments bien connus du malheureux prince, rapprochés de la teneur du testament, les preuves de la captation; et dans l'impossibilité du suicide, celles de l'assassinat. Il n'hésita pas devant le respect dû à certains noms; il appela les investigations de tous sur des questions brûlantes; il fut éloquent, et, dans sa modération, implacable. Bientôt le peuple, avec son impétuosité ordinaire, ne chercha plus qu'un crime dans la fin de ce Condé dont on venait se disputer devant lui les dépouilles sanglantes. Mᵉ Hennequin reçut, à cette époque, d'hommes qui lui étaient parfaitement inconnus, une quantité innombrables de lettres. Les uns lui écrivaient pour lui soumettre quelques arguments nouveaux; les autres, pour lui reprocher quelque circonstance importante, oubliée ou affaiblie; tous pour le féliciter et l'encourager.

Mᵉ Lavaux, avocat de la baronne de Feuchères, et Mᵉ Dupin jeune, avocat du duc D'Aumale, déployèrent tous deux un grand talent dans la défense. Mais on remarqua malheureusement, qu'à des faits précis et articulés avec netteté, ils répondaient, tantôt par des explications tortueuses, tantôt par des récriminations vagues, d'où ils ne surent pas toujours bannir l'injure; et l'on se tint en garde contre l'habileté de Mᵉ Dupin jeune, faisant considérer le procès comme une trame ourdie par les légitimistes, comme une ruse de la haine envenimée des partis, en un mot comme un essai de vengeance dont tous les partisans de la révolution de 1830 devraient faire justice. Les Rohan perdirent le procès devant les juges, et, à tort ou à raison, ils le gagnèrent devant l'opinion publique. (Histoire de dix ans, 5ᵉ édition, tom. 3, p. 144 — 146).

Aujourd'hi que la vérité historique n'est plus violentée par le pouvoir, on peut dire avec franchise que l'assassin du duc de Condé fut bien celui du duc de Berry. L'opinion publique ne se trompait pas : elle se basait sur des accusations terribles auxquelles on n'essaya pas même de toucher. . . . .

Après la révolution de Juillet, la duchesse de Berry s'était jetée dans la Vendée et la guerre civile n'avait pas tardé à éclater dans ces contrées; mais bientôt, trahie par les siens, la Duchesse fut arrêtée. Louis-Philippe apprend que cette femme, qui est sa nièce, se trouve en ce moment enceinte de plusieurs mois. Un autre en aurait eu le cœur navré; le monarque s'en réjouit; il pourrait se borner à renvoyer de France sa nièce qu'il croyait corrompue; il l'y retient, au contraire : il veut faire constater authentiquement le déshonneur de sa parente, et il la fait emprisonner et garder à vue, au château de Blaye, déclarant qu'elle n'en sortira qu'après y avoir fait ses couches. Il pense que son autorité royale, encore fort chancelante, se consolidera par les révélations que la Duchesse ne pourra se dispenser de faire.

Trois mois s'écoulent : Caroline, dont la santé s'affaiblit sensiblement, se décide à parlementer, et elle envoie à Louis-Philippe un homme sur lequel elle sait pouvoir compter, le chevalier *X......*

Après quelques difficultés, l'envoyé obtient audience du roi.

— Sire, dit-il, Son Altesse Royale la Duchesse de Berry, détenue illégalement, puisqu'on lui refuse des juges, vous offre, pour sa rançon quatre millions.

— Quatre millions! dit Louis-Philippe en ouvrant de grands yeux; la Duchesse a quatre millions à sa disposition?

— Son Altesse Royale n'aura qu'un mot à dire pour que cette somme soit remise à votre majesté.

Le roi réfléchit pendant quelques instants, puis il dit, répondant à sa pensée : quatre millions!... c'est impossible.

Sire, reprit l'envoyé, je vais dire à votre Majesté tout ce qu'il m'est permis de dire à ce sujet : Le feu roi Louis XVIII, quinze jours avant de partir pour Gand, lors du retour de Napoléon de l'île d'Elbe, a fait enfouir dans le jardin des Tuileries, à un endroit qui sera indiqué en temps utile, tout le numéraire qu'il avait réuni dès les premiers mois de son retour en France, en prévision des évènements qui pourraient surgir. La marche de Napoléon fut si rapide, que le feu roi fut dans l'impossibilité de rien emporter. Le dépôt est demeuré intact. Louis XVIII, à son lit de mort, fit appeler la Duchesse :

— Il ne me reste que peu d'instants à vivre, lui dit-il ; dès que j'aurai fermé les yeux, les ennemis de notre maison deviendront plus audacieux que jamais ; il faudra , pour leur résister, que mon frère, vous et votre fils soyez entourés d'hommes capables et dévoués ; or le dévouement est chose qui s'acquiert avec de l'argent. J'ai fait déposer, il y a neuf ans, dans le jardin des Tuileries, une somme considérable ; je vous la donne. Voici le plan du jardin ; l'endroit indiqué par un point rouge est celui où j'ai fait enterrer, cinq millions de francs en or monayé et en lingots. Le fidèle et unique serviteur qui connût ce dépôt est mort ; dans quelques heures, vous seule au monde posséderez ce secret ; faites le servir à la gloire de votre maison.

La Duchesse prit le plan que le roi venait de tirer d'un petit portefeuille placé sous son chevet ; ce jour là-même Louis XVIII expira. Une seule fois, depuis cette époque, Son Altesse Royale fit fouiller à l'endroit indiqué ; elle en tira un million et fit remettre les choses dans l'état où on les avait trouvées. C'est ce trésor que je suis chargé d'offrir pour rançon ; mais je ne puis le livrer que lorsque la Duchesse aura quitté la France.

Le roi réfléchit de nouveau, puis il dit :

— Nous aviserons. Le chevalier se retira, et il lui fut dès lors impossible d'obtenir une nouvelle audience. Des fouilles furent faites dans le jardin, sous prétexte d'établir les fossés, ou sauts-de-loup, qui existent maintenant ; mais on ne trouva rien. Le chevalier avait disparu, et la Duchesse, après avoir été abreuvée d'outrages et d'humiliations, fut mise en liberté.

Dix ans s'écoulèrent sans qu'il fut question de trésors ni de richesses ; cependant Louis-Philippe n'avait pas abandonné le projet de faire bouleverser le jardin pour trouver la cachette en question, et il allait faire recommencer les fouilles, lorsqu'un jour, un avocat de Paris, M. Du... vint trouver M. de Montolivet, intendant de la liste civile, et lui dit :

— Le hasard, à la suite de quelques circonstances singulières que je dois m'abstenir de rapporter, m'a fait découvrir, dans un lieu dépendant du domaine de la couronne, un trésor considérable ; je suis prêt à indiquer le lieu où il est enfoui si l'on consent à m'allouer le tiers de la somme à laquelle il s'élève.

M. de Montalivet répondit qu'il prendrait les ordres du roi à cet égard. Deux jours après, M. Du... recevait de l'intendant de la liste civile l'invitation pressante de se rendre au château. Cette fois M. de Montalivet lui dit :

— Vos premières ouvertures sont bien vagues ; la liste civile ne peut, sur quelque chose de si peu certain, prendre l'engagement de commencer des fouilles qui peuvent entraîner à des dépenses considérables.

— Mais si je suis trop explicite, dit l'avocat, on pourra se passer de moi, et je n'aurai rien.

— Vous ne pensez pas à ce que vous dites ; cette supposition est injurieuse ... le roi, Monsieur, est le plus honnête homme de son royaume.

— Et c'est pour cela, monsieur le comte, que je veux me contenter de sa parole : que le roi promette de m'accorder le tiers de la trouvaille et je parle.

— Mais les travaux, Monsieur ! les recherches qui peuvent durer longtemps, coûter cher et ne rien produire, vous comptez cela pour rien ?

— Il n'y aura point de recherches ; les travaux ne coûteront pas dix louis. Accordez-moi le tiers, et demain le partage sera fait ; nous aurons encaissé l'argent.

— Nous sommes donc bien près du lieu qui renferme ce trésor ? demanda en riant l'intendant.

— Très près, Monsieur le comte, et pour

me servir d'une locution populaire, nous brû-
lons.

—Oh! cela peut lever bien des difficultés.....
Si c'était dans les Tuileries....

— C'est dans les Tuileries.

Et si cela n'exigeait pas de démolitions....

— Il ne faudra rien démolir.

Très-bien!... et à combien ce trésor peut-il
être estimé?

— De quatre à cinq millions.

Eh bien! je puis, au nom du Roi, vous
promettre le tiers de ce que l'on trouvera....
Songez que c'est la parole du Roi que je vous
transmets, et que dès lors, vous n'avez plus
de raisons pour ne pas vous expliquer catégo-
riquement.

— Ce soir même, dit M. Du....., dès que
les grilles du jardin seront fermées, vous fe-
rez appeler un homme sûr, et je vous condui-
rai, vous et lui, sur le terrain : quelques
coups de bêche suffiront.

La proposition est acceptée; à dix heures
du soir l'avocat conduisit l'intendant au lieu
où le trésor est enfoui, et il demande où est
l'homme qui doit faire la fouille.

— Nous n'y procéderons pas aujourd'hui,
répond l'intendant. Pour des raisons parti-
culières, Sa Majesté veut être présente à cette
opération.

M. Du..... commença à sentir le piége, et

il se repentit amèrement d'avoir parlé avec tant d'abondance; pourtant il se dit qu'un Roi ne pouvait être un homme sans foi, sans conscience, sans honneur, et il demanda quel moment Sa Majesté avait choisi pour faire faire les fouilles.

— Je vous en donnerai avis, répondit l'intendant, j'espère que vous n'avez nulle inquiétude.

L'avocat répondit qu'il avait foi entière en la parole royale; mais dès lors il fut en proie à la plus vive inquiétude. La journée du lendemain s'écoula sans qu'il reçut le moindre avis; le surlendemain il alla au jardin des Tuileries, et il lui fut facile de reconnaître que la terre avait été fraîchement remuée au lieu qu'il avait indiqué.

Effrayé, il court chez M. de Montalivet; « M. le comte n'y est pour personne »; il écrit, on ne répond point; il revient à la charge, et, après des peines inouïes, il parvient à pénétrer jusqu'à M. l'Intendant de la liste civile; ce dernier lui dit, en accompagnant ses paroles d'un sourire dédaigneux, que ses prétendues révélations n'avaient pas le sens commun; que le trésor dont il parlait n'existait que dans son imagination.

— Qu'en sauriez-vous si vous n'aviez pas fait des fouilles au lieu indiqué, s'écria l'avocat.

— On n'a point fait de fouilles.

— On en a fait, Monsieur le comte, j'en suis sûr; je l'affirme.....

— Oseriez-vous accuser le Roi?

— J'accuse les gens qui me dépouillent; je les accuse non-seulement ici, mais devant la justice du pays et à la face du monde....

—Pour Dieu, Maître Du....., calmez-vous...

—Avouez au moins que vous avez fait des fouilles au lieu indiqué?

— Eh bien! oui, on en a fait; mais elles ont été infructueuses.

— Non, non, c'est impossible!....

— Vous me donnez un démenti?

— Oui, Monsieur le comte, je dis que vous articulez le contraire de la vérité.

— Monsieur !

— Mon parti est pris; vous ne réussirez pas à m'intimider...

— Mais si le Roi affirme qu'il n'y avait rien?

— Si le Roi affirme cela, il mentira; voilà tout.

— Oh! nous trouverons bien le moyen d'imposer silence à un insolent.

— Il n'y en a qu'un : c'est de me faire assassiner en sortant d'ici par quelques-uns de vos assommeurs; mais vous n'oserez pas l'employer.

M. Du..... se retira, bien déterminé à in-

-tenter un procès à la liste civile. Le lendemain il reçut une lettre de l'Intendant, qui le priait de le venir voir afin qu'ils pussent s'entendre sur cette misérable affaire. L'avocat y alla; mais il repoussa énergiquement tous les palliatifs qui lui furent proposés.

— Le trésor était de quatre millions, dit-il, c'est un million trois cents mille trois cent trente-trois francs trente-trois centimes pour ma part; donnez-moi cette part, et je me tais; sinon, non!

Tous les moyens dilatoires furent inutilement employés; M. Du..... voulait le tiers du trésor; Louis-Philippe voulait le garder tout entier; M. Du..... actionna la liste civile devant le tribunal de première instance de la Seine, à fin de restitution. Les principaux faits furent alors mis au grand jour, et l'on se rappelle encore le retentissement qu'eut cette scandaleuse affaire; par malheur, les preuves manquaient au demandeur, et puis le défendeur avait toutes sortes de moyens de corruption, et l'on sait comment il en usait. L'infortuné Du..... fut donc débouté de sa demande, et, par forme de compensation aux treize cents mille francs qu'on lui enlevait, on le condamna aux dépens. Ce n'était pas assez : Du..... était membre de la légion-d'honneur depuis 1815; on lui demanda son brevet qu'il ne put représenter, parce que sa nomination a eu lieu dans un moment de trouble; mais c'est Napoléon qui lui a donné la croix; cela est attesté, incontestable..... Qu'importe! il faut que le Roi se venge de l'homme qu'il a dépouillé! Du..... est condamné à la prison, à l'amende; on lui arracha son cordon rouge, et on le raya du tableau des avocats à la Cour royale de Paris.

Il est incontestable qu'un prince qui souille ainsi son trône ne saurait être un bon prince. Louis-Philippe, en effet, ne le fut jamais; il ne pouvait pas l'être.

A mesure que son règne s'avançait dans l'avenir, plus le peuple ployait péniblement le front dans la misère, plus la France perdait de son antique et légitime considération.

Il n'était guère possible que le peuple fût réellement heureux avec les errements suivis par le gouvernement de juillet.

Le peuple voulait la réforme électorale pour mettre un terme à la corruption qui gangrénait tout; Louis-Philippe n'en voulait pas. Le peuple voulait le droit d'association; Louis-Philippe n'en voulait pas. Le peuple voulait que la charte fût une vérité; Louis-Philippe n'en voulait plus; il ne l'avait même jamais voulu.

Le peuple voulait l'organisation du travail; Louis-Philippe n'en voulait pas. Selon lui, la prospérité nationale était toujours croissante.

✳✳✳✳✳

Cette phrase était reproduite dans chaque discours de la couronne, tandis que les masses s'affamaient dans les replis de plus en plus serrés d'une concurrence sans frein.

Pour Louis-Philippe la majorité parlementaire était tout; la majorité nationale, rien.

On peut voir par les axiomes suivants les ressorts qui donnaient le mouvement aux actes du roi déchu; ces axiomes sont extraits des lettres confidentielles de Louis-Philippe, révélées avec tant d'éclat par la Contemporaine. Les voici :

— Je suis prince français, et cependant je suis Anglais d'abord par besoin; je le suis par principes, par opinion et par toutes mes habitudes.

— La responsabilité n'est à craindre que quand on ne réussit pas.

— Il faut flatter, cajoler les hommes, les prendre par la vanité, endormir leur civisme.

— La presse est notre plus dangereuse ennemie; il faut la maîtriser et gagner avec de l'or les plumes guerroyantes.

— Je n'ai pas en vue la durée de la monarchie constitutionnelle, mais la perpétuité de ma dynastie.

Tout le monde connaît la polémique violente qui s'établit entre M. Thiers et M. Guizot, lors d'une discussion parlementaire au sujet des crédits. « Vous avez deshonoré la

» France, » disait M. Thiers à M. Guizot. « Vous l'avez ruinée, » lui répondit le second.

Ces deux mots contiennent toute notre histoire depuis 1830.

Or, était-il possible que cette ruine et cette honte durassent longtemps? Non.

A tous ces crimes de lèse-nation, il fallait un châtiment. La balle ou le fer des assassins ne put jamais atteindre Louis-Philippe; Dieu le voulut ainsi pour donner à sa justice des caractères plus frappants et plus moraux; patient dans sa vengeance, parce qu'il est éternel, il réservait au prince coupable la contre-partie de tout ce qui était arrivé à Charles X.

Celui-ci avait succombé à l'entêtement d'un coup d'état; Louis-Philippe devait échouer contre le même écueil.

Le premier avait quitté la terre de France après avoir abdiqué en faveur de son petit-fils; le second devait rehausser sa fuite par la même circonstance.

Le prince de la branche cadette comme celui de la branche aînée, devait perdre le pouvoir en trois jours.

Quand Charles X offrit son petit-fils à la nation, on lui cria : *il est trop tard!* La même réponse devait être faite à l'abdication de Louis-Philippe.

Certes, il y a quelque chose de providen-tiel dans ces coïncidences.

Voici, du reste, l'analyse des faits qui se sont passés les 22, 23 et 24 février.

Le 22, un immense banquet devait avoir lieu sous la présidence des députés réformistes, flétris par le discours de la couronne et le vote de l'adresse.

Le ministère ne voyait pas sans effroi le déploiement populaire qui devait éclater en cette circonstance mémorable.

Dès quatre heures du matin, des groupes lisaient, à la lueur des torches, les proclamations qui interdisaient le banquet, et faisaient un appel au bon sens public.

Le bon sens public fut consterné de cette interdiction; l'agitation était à son comble; à dix heures, la foule était au rendez-vous que les députés de l'opposition lui avaient indiqué la veille.

Vers onze heures et demie, le rassemblement, lassé d'attendre, s'ébranle et se met en marche; il traverse la place de la Révolution aux cris de : vive la réforme! et aux chants de la Marseillaise. Il se dirige vers la Chambre des députés et y pénètre; la Chambre est vide.

Quelques instants après, la troupe accourt; des dragons et des municipaux refoulent les groupes de l'autre côté du pont. Un régiment de chasseurs, musique en tête, prend position devant le palais Bourbon; un régiment de ligne borde les quais et ferme les rues qui conduisent au palais.

Il est une heure : les députés arrivent, traversant avec peine la foule innombrable qui stationne sur la place de la Révolution. Bientôt des détachements de garde municipale et de dragons commencent à charger les groupes et les rejettent au loin dans les Champs-Elisées. Les cris et les huées de la multitude indignée frappent les échos de la Chambre; la musique des chasseurs et de la ligne y répond par des fanfares et des airs d'opéra!

Pendant deux à trois heures, on a sous les yeux le déplorable spectacle d'une masse de citoyens sans armes sillonée en tous sens par des charges de cavalerie, se dispersant sur un point pour revenir sur un autre, et envoyant, d'un bord à l'autre de la Seine, cet appel inutile : Vivent les députés! vive la réforme!

Il faut que la chambre soit occupée d'intérêts bien graves pour que ces cris ne la fassent pas tressaillir. Entrons, on y discute la loi sur la banque de Bordeaux! Gravement, sérieusement, les détails les plus minutieux en sont scrupuleusement analysés. M. Barrot arrive, il paraît soucieux; M. Guizot est sombre; M. Thiers cause. De temps en temps des députés parcourent les bancs, apportant les nouvelles du dehors; on apprend qu'un homme vient d'être tué, cinq ou six sont blessés; des barricades sont formées avec des chaises et des planches dans les Champs-Élysées.

Le corps de garde voisin est attaqué et brûlé; des rassemblements parcourent les rues de Paris; les coups de sabre et les coups de baïonnête font partout des victimes.

La chambre passe à la discussion des articles de la loi sur la banque de Bordeaux.

A cinq heures, au moment où M Sauzet va lever la séance, M. Barrot rappelle qu'il a déposé une proposition. M. Sauzet répond que l'on ne peut pas même, selon le règlement, indiquer l'objet des propositions que l'on dépose : celle de M. Barrot sera lue jeudi. L'Assemblée se sépare. Il n'est pas dit un mot qui ait trait à la situation.

Au sortir de la Chambre, les nouvelles les plus émouvantes affluent de tous côtés. Partout des rassemblements, des cris, des charges de cavalerie, et, sur quelques points, d'énergiques résistances.

Il est impossible, en ce moment, d'assigner un caractère précis à ce qui se passe : c'est plus qu'une émeute; ce n'est pas une insurrection.

23 FÉVRIER. — Les évènements nous emportent; ils se précipitent comme l'ouragan.

A sept heures et demie du matin, on bat le rappel pour la garde nationale. Le pouvoir, qui, la veille, n'avait mis sur pied que sa police et la garnison, redoute maintenant l'orage, et appelle aux armes la milice nationale à laquelle il venait de refuser le droit de réunion pacifique.

On voit déja quelques barricades dans les rues du Cadran, de Cléry, Saint-Denys, neuve Saint-Eustache, du Petit-Carreau, etc.

Une barricade de la rue Montmartre, attaquée par les gardes municipaux, est enlevée, mais non sans effusion de sang. Là, les gardes municipaux, en s'embusquant aux coins des rues, tirent comme en garenne et mettent en joue contre les fenêtres.

Cette lamentable expédition exaspère la foule, mais heureusement un chef de bataillon de la garde nationale fait cesser la chasse aux hommes.

Les gardes nationaux de la 3me légion et une foule compacte, rassemblés sur la place des Petits-Pères, crient : Vive la réforme! La 3me légion est contrainte de croiser alors la baïonnette pour empêcher l'effusion du sang.

Sauf quelques accidents, la troupe de ligne se montre presque partout calme et neutre.

On apprend la démission des ministres. Cette nouvelle affaiblit un peu l'agitation; mais bientôt Paris juge insuffisante cette victoire remportée par l'opinion publique.

La situation s'aggrave. Au pont Notre-Dame, un détachement de garde municipale charge avec une inexprimable férocité, et sur la garde nationale et sur le peuple.

Dans le quartier Transnonain, des barricades formidables s'élèvent, et le service s'y fait militairement; ces barricades sont gardées par des hommes qui ne poussent qu'un cri : à bas le système! On veut nous leurrer, disaient-ils, avec un nouveau ministère sans garantie.

Vers dix heures et demie, une cinquantaine de muicipaux se trouvent enfermés dans la cour d'un liquoriste de la rue Bourg-l'Abbé, où sont les magasins de l'armurier Lepage. Une compagnie de la 6me légion occupe la porte de cette maison et en défend l'entrée, mais la population justement indignée de la conduite odieuse tenue sur d'autres points par la garde municipale, profère des cris alarmants pour les hommes renfermés.

Les gardes nationaux de la 6me légion accourent de tous les points pour renforcer leur camarades : mais les ouvriers arrivent plus nombreux cent fois.

Deux compagnies du 7me de ligne sont aussi dirigées sur ce point. Les cris : le désarmement! le désarmement! continuent et forment un chœur formidable.

Quelques chefs ou soldats de la garde nationale entrent alors dans la cour de la maison occupée pour parlementer avec les prisonniers. Ceux-ci cependant ne redoutent qu'une seule chose : c'est de traverser une foule immense qui demande compte du sang versé ailleurs par la garde municipale.

Enfin, après une heure d'hésitation, les municipaux consentent à sortir complètement désarmés, et les uns à la suite des autres.

La troupe de ligne faisait une haie dans la rue, et attachés aux bras des gardes nationaux, protégés par eux, les prisonniers commencèrent à défiler aux cri de : à bas la garde municipale ! L'exaspération était extrême et expliquée, nous le répétons, par la conduite de cette troupe sur divers points. Aussi le peuple se mit-il à demander à grands cris que les prisonniers missent bas leur shakos.

Un garde national décoré, de juillet, étranger à la sixième légion, et sous la protection duquel s'était mis le lieutenant, dit alors aux prisonniers qu'il fallait obéir à la loi du peuple, et, cet ordre, unanimement proféré, fut unanimement obéi.

Alors le cortége (car c'était un véritable cortége) s'est mis en marche : en tête un escadron de cuirassiers, la ligne formant la haie, des gardes nationaux, chefs et soldats, entourant les gardes municipaux, enfin des flots innombrables de peuple sur les trottoirs.

C'est ainsi qu'on a parcouru la rue Bourg-l'Abbé, la rue des Ours, la rue Rambuteau, le Marché des Innocents, la rue St-Denis, la place du Châtelet, le quai de Grèves, et le peuple était toujours sur les flancs, agitant des armes et des flambeaux et faisant entendre sa voix puissante.

Alors, au milieu du quai, une manœuvre de cavalerie, adroitement exécutée, a arrêté court le flot populaire sur les trottoirs, et le cortége a continué sa marche libératrice jusqu'à la place de l'Hôtel-de-Ville, occupée par l'artillerie et des forces formidables.

Là, les gardes municipaux désarmés se sont trouvés libres, et ils ont remercié ceux qui venaient de s'exposer pour les protéger.

Partout le peuple demande des armes.

A neuf heures et demie du soir tous les gardes municipaux sont relevés de leur poste. La ligne les occupe et fraternise avec le peuple.

Paris est tout illuminé; la ville présente le plus brillant coup d'œil.

Trois ou quatre mille citoyens passent dans la rue Montmartre en criant : A bas Thiers! à bas Molé! à bas le système!

A dix heures, une colonne de citoyens ayant en tête des gardes nationaux sans armes, part de la Bastille et s'avance vers le boulevard des

Capucines. Là, toute cette foule est assaillie sans sommations préalables par la garnison de Guizot. Cinquante personnes environ tombent, mortes ou blessées, sous cette fusillade digne d'une armée d'égorgeurs.

Cette nouvelle se propage avec la rapidité de la foudre. Le tocsin sonne. L'indignation soulève tous les cœurs honnêtes. Le trône chancèle, il va tomber.....

24 Février. — Pendant que le peuple continue de s'agiter, plus terrible que jamais, et qu'il s'empare du palais-Royal, M. Dupin annonce à la Chambre des députés l'abdication de Louis-Philippe en faveur du comte de Paris, avec la régence de la Duchesse d'Orléans. La princesse arrive alors avec ses enfants ; elle est accompagnée du duc de Nemours. Après être restée un instant, livrée à tous les mouvements de la tempête parlementaire, Mme la Duchesse d'Orléans, entraînée dans le couloir qui sépare le centre, monte pour gagner l'issue qui se trouve de ce côté. Il paraît que cette issue est fermée, elle s'arrête avec ses enfants, et s'assied sur le dernier banc supérieur du centre gauche.

M. le duc de Nemours parvient avec peine à la rejoindre, et s'assied à côté d'elle. Des gardes nationaux les entourent.

La séance reste suspendue au milieu du tumulte le plus inconcevable. On entend au dehors le canon et la fusillade. Aux cris de : Vive la République, on nomme un gouvernement provisoire. La Duchesse d'Orléans s'échappe avec peine au milieu de la foule toujours grossissante. Le Duc de Nemours, pressé par le peuple, se voit enlever ses épaulettes et son chapeau; mais, grâce à la garde nationale, il parvient à prendre la fuite.

Cependant Louis-Philippe était encore aux Tuileries. S'il faut en croire des personnes bien informées, le roi éperdu aurait fait appeler le maréchal Bugeaud. Celui-ci aurait déclaré au roi que toute défense dans Paris était devenue impossible, et qu'il fallait que la famille royale se retirât dans la place de Vincennes, et toutes les troupes dans les forts détachés. « C'est impossible, aurait dit alors Louis-Philippe avec angoisse, si je quitte les Tuileries, on pillera tout ce que je possède. »

Mais bientôt il fallut fuir; bientôt il fallut dire un douloureux adieu à ce palais si cher au cœur, à ces richesses splendides qui empêchaient la misère du pauvre d'arriver jusqu'au trône....

A une heure et demie, les Tuileries sont envahies par le peuple que rien ne peut maintenant arrêter, mais qui ne veut pas se déshonorer par le pillage.

C'est à peine si Louis-Philippe a le temps d'éviter par la fuite la rencontre du flot populaire.

Arrivé au pied de l'obélisque de l'ancienne

place de la Révolution, le prince, la reine et leur suite sont tellement enveloppés et tellement pressés, qu'ils ont à peine la liberté de leurs mouvements. Halte étrange, providentielle ! le sang de Louis XVI avait coulé à l'endroit même où le monarque déchu était retenu immobile par les masses... Louis-Philippe eut peur ! mais la garde nationale était là, et le peuple sut dans sa victoire, s'incliner devant une grande infortune.

A onze heures du soir, le prince se trouvait à Dreux ; il était dans un état de prostration complète, et répétait à chaque instant : comme Charles X ! comme Charles X !

Le lendemain, il s'embarquait pour l'Angleterre.

⎯⎯⎯

Ainsi finit la royauté de Juillet. Jamais prince ne laissa dans les cœurs moins de regret que Louis-Philippe ; jamais prince ne fut détrôné avec un consentement plus unanime que lui. Il n'avait rien fait pour le peuple, et le peuple, indignement maltraité pendant dix-sept ans, brûla son trône au pied de la colonne de la Bastille, avec toute l'ivresse de la joie. Ceux mêmes que Louis-Philippe avait attachés à son parti par des places, des honneurs ou des richesses, regrettent sans doute le vide qui va s'opérer dans leur position sociale, mais ne regrettent aucunement l'homme qui les enchaînait au char de sa fortune politique.

Napoléon a fait aimer la gloire de la France ; et si on lui reproche d'avoir servi son ambition, il a du moins bien servi sa patrie.

Charles X, malgré sa faute, était un homme profondément honnête.

Or la gloire et l'honêteté sont des biens véritables ; ce sont deux choses qui laissent de légitimes et avouables souvenirs.

Mais si nous considérons froidement l'existence politique de Louis-Philippe, est-il possible d'y voir rien de glorieux où d'honnête ? et s'il n'y a rien eu de glorieux et d'honnête dans son existence royale, à quoi donc pourrait se rattacher la plus petite fibre de sympathie pour lui ?....

www.ingramcontent.com/pod-product-compliance
Lightning Source LLC
Chambersburg PA
CBHW061241030726
47595CB00004B/1639